네트워크 마케터를 위한

초기 3개월 성공테크

김청흠 지음

모아북스
MOABOOKS

저자 소개

김청흠 ㅣ관광학을 전공했으며, KT(한국통신)에서 11년간 근무, 퇴직 후 여행사 및 거제시 사격협회 전무와 거제지체장애인협회 운영위원장, 거제시 장애인사격연맹회장 등을 역임했으며, 현재는 경영컨설턴트로 활동중이며, 많은 이들에게 성공노하우를 강의하고 있다.

네트워크 마케터를 위한
초기3개월 성공테크

1판 1쇄 인쇄 ㅣ2009년 12월 25일
1판 4쇄 발행 ㅣ2015년 11월 30일

지은이 ㅣ김청흠
발행인 ㅣ이용길

발행처 ㅣ MOABOOKS **모아북스**
관리 ㅣ정 윤
디자인 ㅣ이룸

출판등록번호 ㅣ제 10-1857호
등록일자 ㅣ1999. 11. 15
등록된 곳 ㅣ경기도 고양시 일산동구 호수로 358-25 519(백석동, 동문타워 2차)
대표 전화 ㅣ0505-627-9784
팩스 ㅣ031-902-5236
홈페이지 ㅣhttp://www.moabooks.com
이메일 ㅣmoabooks@hanmail.net
ISBN ㅣ978-89-90539-69-4   03320

목차

확실한 목표와 행동으로
초기 3개월을 장악하라!

　세상에는 많은 사업들이 존재하지만 모든 사업이 성공을 보장하는 것은 아니다. 성공하는 사업이란 시대와 호흡하며 그 흐름 안에서 부가가치를 생산하는 사업이어야 한다.

　그러나 사업의 성공은 시대가 결정해주는 것도 아니다. 똑같은 사업을 해도 어떤 사람은 성공하고, 어떤 사람은 실패하기 때문이다.

　이는 사업에 성공하려면 한 개인의 철저한 노력과 의지가 기본 바탕에 깔려야 한다는 것을 말해준다.

　다시 말해 성공한 사업이란 다음과 같은 요건을 필요로 한다.

첫째, 성공하는 사업은 그 아이템이 시대의 흐름에 맞아 장기적으로 부가가치를 가진다.

둘째, 성공하는 사업은 성공할 수 있다는 확신과 열정으로 완성된다.

네트워크 비즈니스는 검증된 성공 시스템을 통해 가장 효율적으로 성공에 도달할 수 있는 과학적이고 합리적인 사업이다. 하지만 처음 이 사업에 도전하는 이들에게 네트워크 비즈니스는 아직 첫 발을 성큼 디디기 어려운 미지의 세계처럼 여겨질 것이다.

따라서 지금부터 우리는 네트워크 비즈니스 성공자들이 따랐던 시스템을 꼼꼼히 살피고, 이 사업에서 가장 중요한 초기 3개월을 어떻게 시작하면 좋을지 초보자를 위한 비즈니스 플랜을 따라가 볼 것이다.

돈에 끌려 다니지 않고 돈이 따라오는 사업을 시작하자

우리가 살고 있는 자본주의 사회는 돈이 절박하다. 그러나 필요한 돈을 짧은 시간 안에 무리하게 벌려고 하다 보면 예기치 않은 유혹의 그물에 걸려들게 된다.

예를 들어 주변에 로또를 사고 도박을 하는 사람 중에 과연 몇이나 큰돈을 벌었는가? 아마 거의 없을 것이다. 한때 난무했던 불법 피라미드 사업 또한 마찬가지이다.

이 사업들은 단기간에 큰돈을 벌 수 있다고 많은 이들을 유혹했지만, 결과적으로 여러 사람의 삶을 망쳐버리는 결과만 낳았다.

여러분은 어떤가? 허상에 쫓겨서 허덕이며 자신의 모든 것을 잃고 싶은가? 아니면 변화의 시기에 새로운 비전을 찾아 성공하는 삶을 살고 싶은가?

수많은 억만장자들이 하나같이 강조하는 것이 있다. 돈을 쫓아다니지 말고 돈이 쫓아오도록 만들라는 것이다. 그리고 그들이 강조한 돈이 쫓아오는 사업의 기본에는 훌륭한 시스템이 존재한다.

이 책은 바로 그 성공하는 시스템인 '네트워크 비즈니스의 시스템'에 대한 책이다. 네트워크 비즈니스 시스템이 훌륭한 것은 돈이 일정한 통로를 통해 지속적으로 들어올 수 있도록 만드는 사막의 파이프라인과 같은 역할을 하므로 처음 그것을 만드는 데는 어느 정도 수고와 시간이 들지만 일단 구축해 놓으면 장기적으로 일정한 이익을 얻을 수 있다. 또한 그 결과로서 뜬구름이나 허상이 아닌 현실에서 경제적 자유를 누릴 수 있다. 게다가 노력 여하에 따라 시스템을 복제해 더 큰 파이프라인을 구축함으로써 더 큰 이익을 얻을 수 있으므로 장기적인 사업이 가능하다.

그렇다면 이 네트워크 비즈니스 시스템을 따르려면 어떻게 첫 발을 내딛어야 할까?

초기 3개월이 중요하다

네트워크 비즈니스에서 시스템은 한 사업자를 성공으로 안내하는 지도와 같다. 하지만 아무리 훌륭한 시스템도 그것을 따를 준비가 되어 있지 않다면 아무 소용이 없다.

많은 네트워크 비즈니스 사업자들이 처음에는 의욕 있게 시작했다가 포기하고 마는 것도 시스템에 대한 이해가 부족하고, 그로 인해 행동력에 따르지 못했기 때문이다.

그런 의미에서 초기 3개월간 성실하게 주어진 플랜을 따르고 시스템에 대해 이해하는 일은 사업 성공에 아주 중요한 요건이 된다.

이 초기 3개월은 장기적인 성공을 위해 가장 중요한 기초이자 앞으로의 사업을 결정짓는 밑바탕이다. 이 초기 3개월을 훌륭하게 극복하고 약 1~2년간 꾸준히 시간을 투자하면 앞서 말한 사막의 파이프라인을 구축해 지속적인 수입을 얻을 수 있다.

사람은 누구나 어려운 시기일수록 돌파구를 찾기 위해 노력한다. 하지만 그 돌파구에는 예상치 못한 장애물도 많다. 스스로 자신의 능력과 상황에 한계를 짓고 의심을 가지는가 하면 주변의 따가운 시선도 감수해야 할 때도 있다. 이럴 때 시스템의 힘을 이해하고 신뢰를 가지는 것은 그 장애물을 넘는 데 큰 도움이 된다.

성공에 대한 꿈과 희망은 항상 먼저 시작하고 먼저 발로 뛰고 움켜쥐는 자의 몫이다. 희망이 먼저 우리를 찾아가는 것이 아니라, 우리 스스로 희망을 찾아야 한다는 뜻이다. 훌륭한 도전은 언제나 사람을 꿈꾸게 하고, 열정은 뜻하지 않은 부를 안겨주기도 한다.

시작은 바로 지금부터다. 네트워크 비즈니스는 많은 지식이나 재능, 학벌과 성별 조건을 필요로 하지 않는다.

모든 사업들이 그래왔듯이 겸손한 마음으로 배우고 성실하게 임하려는 열정만 가지고 있으면 실현 가능한 일이다.

또한 네트워크 비즈니스는 그 모든 과정을 통해 자신의 성장을 눈으로 확인할 수 있는 몇 안 되는 사업으로서 우리의 삶을 더 풍요롭게 만들어 줄 것이다.

정상에서 만납시다.

2009년 12월

김청흠

제1부
손에 잡히는 비즈니스 정석 - **첫째 달**

1. 성공하려면 시대의 흐름을 읽어라

모든이들은 안정적이고 익숙한 것을 좋아한다. 사업에서도 마찬가지이다. 남들의 성공사례가 많지 않으면 쉽사리 발을 들이려 하지 않는다. 그러나 지금껏 크게 성공한 이들은 누구도 들여다보지 못한 블루오션을 찾은 이들이었다. 그렇다면 21세기 자본주의 사회 트렌드는 어떤 블루오션을 통해 성장하고 있는지 인식해야 한다.

① 현명한 소비만으로도 이익을 얻을 수 있다

현대 자본주의 사회에서 필연적으로 나날이 수많은 소비를 하면서 살아간다. 매일 먹는 음식, 매일 입는 옷, 매일 쓰게 되는 생활용품 등 화폐가 닿지 않는 곳이 없으니 소비 자체가 거대한 경제활동으로 이어지고 있다. 실제로 통계에 의하면 우리가 받는 월급의 약 70% 이상은 매달 필요한 필수품 등의 재화를 사들이는 데 쓰게 되어져 있다.

그렇다면 우리가 사들이는 이 물건들에 지불되는 엄청난 돈은 과연 어디로 흘러갈까? 우리는 대부분 어떤 물건을 살 때 의심 없이 가격 그대로 지불하고 영수증을 끊어온다. 그런데 여기에 우리가 물건 값 외에 지불하는 비용이 또 있다는 것을 아는가? 바로 유통비와 마케팅 비용이다.

지난 시대에는 판매자가 생산한 물건이 소비자에게 다다르기까지 대략 생산자 → 공급자 → 도매상 → 소매상 → 소비자의 과정을 거쳐야 했다. 게다가 대량의 마케팅 비용까지 덧붙으면서 물건 값은 생산 비용의 몇 배로 치솟았다. 다시 말해 소비자들은 여러 단계의 유통 비용과 마케팅 비용까지 지불하면서 값싼 물건을 비싸게 사들일 수밖에 없었다.

그러나 이제 시대는 달라졌다. 21세기를 흔히 인터넷(internet)과 인적 네트워크(network) 혁명의 시대라고 부른다. 실제로 2008년 기준으로 우리나라 초고속 인터넷 가입자 수는 1500만 명을 넘어섰고, 이런 상황에서 인터넷 쇼핑몰의 매출도 엄청난 속도로 증가하고 있다. 그렇다면 이 인터넷과 인적 네트워크는 소비 흐름과 관련해 우리 삶을 어떻게 구체적으로 바꿔놓았을까?

첫째, 인터넷 상에서 클릭 한번으로 물건 구매가 가능한 전자상거래가 발달하면서 기업들의 가격 경쟁이 시작되었다.

둘째, 인터넷을 기반으로 회원제 인적 네트워크를 운영하는 소규모 기업들이 안정적인 입지를 구축하기 시작했다.

즉 이제 소비자들도 열린 공간 속에서 활동하며 더 이상 대기업의 횡포에 좌지우지하지 않고 가장 좋은 물건을 가장 싼 가격으로 구입할 수 있게 되었다. 또한 인터넷이나 인적 네트워크를 통한 직거래가 활발해지면서 마케팅과 유통비를 남기지 않는 정직한 상품들도 다수 등장했다.

다시 말해 21세기는 "제 값 주고 물건 사는 것은 바보"라는 말처럼, 인터넷과 회원제 네트워크를 이용해 얼마든지 질 좋은 물건을 싸게 구입함으로써 그간 마케팅과 유통에 지불했던 불필요한 지출을 줄일 수 있는 시대가 되었다.

② 소비자로 활동하는 똑똑한 디지털 소비자들

인터넷과 네트워크가 미친 영향을 그것뿐만이 아니다. 실로 이 두 가지 혁명은 돈의 흐름과 긴밀한 새로운 사업 기회를 우리에게 주고 있다.

단순히 소비자의 자리에 머물지 않고 스스로 1인 사업자가 되어 인터넷 공간 안에서 경제 활동을 지향하는 똑똑한 디지털 소비자들이 탄생한 것이다.

실제로 인터넷은 TV에 이어 두 번째로 큰 힘을 발휘하는 상품 광고의 구입 매체이다. 수많은 소비자들이 이 인터넷을 통해 상품에 대한 정보를 얻고 쇼핑을 하다 보니, 인터넷 상에서 자사 상품을 마케팅 하는 거대한 장까지 형성되었다.

그러다 보니 또 다른 결과가 생겨났다. 바로 소비자와 판매자의 구분이 사라지고 소비자와 판매자를 겸하는 현명한 디지털 소비자들이 등장한 것이다.

이들은 단순히 인터넷을 통해 물건만 구입하는 것이 아

니라 인터넷을 통해 많은 정보를 얻고 서로 힘을 합치며 기업의 상품에 자신의 영향력을 행사하고, 때로는 소비자 자신이 1인 사업자로 변신해 활발하게 상품을 유통하고 있다. 다시 말해 21세기 정보통신과 네트워크 사회에서는 판매자는 판매자, 소비자는 소비자라고 정확히 규정되지 않는다. 오히려 기업과 소비자가 협력하고 그 안에서 함께 이익을 얻고 발전하는 윈윈의 소통 방식이 이뤄지고 있다.

네트워크 비즈니스 또한 바로 이런 물결을 타고 생겨난 새로운 사업이다. 네트워크 비즈니스는 점포 없이 직거래에 가까운 가격으로 물건을 팔고 산다. 인터넷 공간을 이용하고, 인적 네트워크를 구축해 1인 사업을 함으로써 생산 기업의 마케팅과 유통 비용을 내 몫으로 가져온다.

실제로 미국의 경우 이미 80년대에 네트워크 비즈니스를 통해 매해 20%씩 신흥부자들이 탄생한 바 있다. 그들은 각자의 이웃과 가족, 나아가 낯선 이들에게 자신들의 질 좋은 물건을 가장 합리적으로 소비하고 있다. 그리고 일정한 네트워크를 구축해 꾸준한 수익을 얻었다.

물론 우리나라 사람들에게 사업이란 많은 자본이 필요한 일처럼 여겨진다. 그러나 앞서도 설명했듯이 이 시대의 엄청난 사업은 자본과 비례하지 않는다. 오히려 시대의 흐름 속에서 블루오션을 찾는 것이 더욱 빠른 성공의 지름길이 되었다. 그런 면에서 적은 자본을 이용해 일정한 상품을 내가 직접 구입하고 주변 사람에게 권하는 것만으로도 고정적인 수입을 얻을 수 있는 네트워크 비즈니스 시스템은 우리 생활과 가까운 가장 안정적인 사업이며, 새롭게 도전해 볼 만한 가장 안정적인 미래형 소비자 구축사업인 것이다.

2. 강한 확신이 성공의 견인차다

모든 일이 그렇지만 사업이라는 것은 기본적으로 자신과 시스템을 믿지 못하면 성공할 수 없다. 그러나 안타깝게도 많은 이들이 사업 초기에서부터 많은 실패를 경험했다. 성공은 상상할 때의 기쁨보다 실패에 대한 두려움이 크기 때문이다.

사업에서 가장 중요한 자산은 자신감이다. 성공에 대한 확신은 어떤 어려움도 막아주는 무적의 힘이다. 따라서 희망과 용기를 꾸준히 유지하기 위해서는 항상 스스로를 동기 부여하고, 항상 미래를 꿈꾸고 긍정적인 사고를 통해서 성공이 앞당겨진다.

① 꿈을 현실로 만들겠다고 확신하라

어린 시절을 기억해보자. 우리는 많은 꿈을 가지고 앞으로 훌륭한 미래가 기다리고 있을 것이라고 생각했다. 그러나 그 꿈들 중 대부분은 이루어지지 않았다. 그것은 우리의 능력이 부족해서라기보다는 그 꿈을 이룰 만한 제대로 된 방법을 찾지 못했기 때문이다.

꿈을 이루는 첫 단계는 다른 것이 아니다. 당신이 진정 얻고자 하는 것은 무엇인지, 그 꿈을 이루는 데 어떤 사업을 택할 것인지, 나아가 이 사업을 통해 얻은 부를 어떻게 사용할 것인지, 이 사업에서 과연 어느 정도로 성공하고 싶은지 구체적인 그림을 짜야 한다. 아무리 원대한 꿈도 단순히 꿈으로만 끝나면 아무 소용이 없기 때문이다.

그러기 위해서는 꿈을 행동으로 옮기는 다음의 3단계가 반드시 필요하다.

1단계 : 출발을 결심했다면 명확한 목표를 세워야 한다.
  - (목표 설정)
2단계 : 목표를 세웠다면 큰 계획과 세부적인 계획을 세워야
  한다. - (결의)
3단계 : 이것을 실행에 옮기는 과정을 지속적으로 행동해야
  한다. - (사업 계획의 구체화)

그리고 이 같은 메커니즘을 오래 지속하다 보면 훌륭한 습관이 완성되고, 그 완성된 습관이 하나의 성공 시스템을 형성하게 된다.

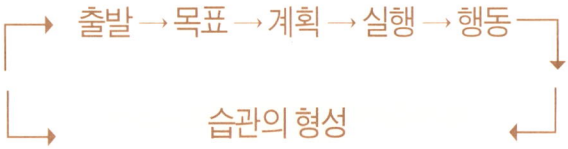

출발 → 목표 → 계획 → 실행 → 행동

습관의 형성

초기 사업자를 위한 체크 포인트

- 당신이 정말로 꿈꾸는 삶은 실현할 수 있는지 확신해야 한다.
- 당신에게 이 사업이 필요한 이유를 설명할 수 있는가?

- 어느 정도의 돈이 필요한지를 구체적으로 생각하고 있는가?
- 이 사업이 당신에게 맞는 사업이라는 것을 확신하는가?
- 이 사업을 통해 어떤 모습이 되고 싶은지를 그림 그리듯이 설명할 수 있는가?

② 회사와 제품에 확신하라

훌륭한 마케터들을 기억해보자. 겉보기에는 다른 회사 제품과 별다르지 않은 물품을 팔면서도 세상 최고의 물건을 파는 것처럼 자신만만하다. 그런 이들의 비즈니스에는 열정과 기운이 넘치고, 자연스레 고객도 그런 마케터들에게 구입을 하게 될 수밖에 없다.

다시 말해 사신의 세품에 대한 강한 확신을 가지고 있으면 아무리 작은 물건일지라도 강한 프리미엄을 얻게 된다. 좋은 제품은 둘째 치고 마케터의 열정이 고객을 찾게 만드는 것이다.

특히 사업에 들어서는 초보자라면, 회사와 제품에 대한 확신이야말로 무엇보다도 큰 자산이라는 생각으로 다음의 수칙을 지켜야 한다.

- 회사의 제품 100% 애용하기

네트워크 비즈니스는 기본적으로 사업자부터 회사 제품을 이용하면서 시작한다. 직접 써보고 장·단점을 알아야 그에 대한 정확한 정보를 전달할 수 있기 때문이다. 초보 사업자들의 경우 흔히 저지르는 실수가 제품에 대한 표면적인 정보만 가지고 사람들을 만나는 것이다. 이 경우 상대의 질문에 제대로 답할 수 없을뿐더러 무엇보다도 제품에 대한 확신을 심어주지 못하게 된다.

네트워크 비즈니스 사업자는 기본적으로 1인 사업자이며 자신의 사업체를 가진 것과 다름없다. 따라서 내 매장(집)에 내가 주력하는 물건(회사 제품)을 제대로 구비하고 그것에 대한 애용을 통해 확신을 키워가야 한다.

- 스폰서의 도움을 통해 회사에 대한 신뢰 키우기

처음 이 사업을 시작하는 이들이 흔히 저지르는 실수가 있다. 회사에 대한 자신의 신뢰도를 철저하게 가늠해보지 않고 무작정 사업을 시작하고 보는 것이다. 그러나 함께 활동하는 회사와 제품에 대한 확신이 없이는 결국 자기 사업에 대한 확신도 생겨날 수 없다. 이 회사 저 회사를 전전하다가 한 분야에 뿌리 내릴 좋은 기회를 놓쳐버리게 된다.

기억하라.

네트워크 비즈니스는 시간과 확신이 신뢰를 주기 때문이다. 일단 사업을 시작하기로 했다면 자신과 함께 하는 회사에 대한 강한 이해와 신뢰가 필요하다.

궁금한 부분이 모두 사라질 때까지 스폰서에게 회사의 비전과 운영에 대해 자문을 구하라. 조금이라도 마음에 의문점이 남아 있다면 그것을 해소함으로써 회사에 대한 더 강력한 신뢰와 지지를 가져야 한다. 회사 역시 그런 사업자에게는 더 전폭적인 지지를 제공하게 될 것이다.

초기 사업자를 위한 체크 포인트

- 스스로 이 사업에 대한 강한 확신이 있는가?
- 남에게 구체적으로 설명할 수 있을 정도로 사업의 과정을 잘 알고 있는가?
- 제품에 대해 정확한 지식을 기반으로 설명할 수 있겠는가?
- 거절이나 실패에도 좌절하지 않을 만한 용기가 있는가?

③ 자신에게 확신하라

자신을 믿는 사람은 어떤 어려움에도 굴하지 않고 나아간다. 이 사업에서도 마찬가지이다. 나날이 어려운 장애에 부딪칠 수 있으며 생각보다 성장이 더딜 수도 있다.

이럴 때 자신에 대한 확신은 그런 어려움을 참아내고 이길 수 있는 천군만마의 힘을 제공한다. 또한 네트워크 사업은 그룹뿐만 아니라 개인의 성장까지 확장할 수 있는 시스템을 갖추고 있다.

만일 네트워크 사업을 비단 부를 얻기 위한 수단을 넘어 삶을 살아가는 태도까지 변화시킬 수 있는 좋은 기회로 여긴다면 사업과 인생 모두에 성장을 얻을 수 있다.

실제로 수줍어하고 내성적이었던 사람들이 많은 사업자들을 만나며 외향적으로 변하기도 하고, 여러 일들을 겪으면서 자신의 내면에 숨겨져 있던 재능들을 이끌어내는 경우가 많다.

다시 말해 회사와 더불어 성장한다는 생각으로 사업에 임하며 끊임없이 자신을 동기부여하면 수익뿐만 아니라 강한 자기 계발의 기회가 될 수 있다.

다음은 조직과 더불어 성장하는 개인을 위해 필요한 도구들이다. 이 도구들은 한번 이뤄낸 성과를 더욱 독려해 네트워크 전문가로 거듭나는 데 용기를 줄 뿐 아니라 어려움을 이겨내는 기술적 면을 강화시켜주는 만큼 자만하지 말고 꾸준히 습득해야 한다.

- 매일 30분의 독서

인간은 누구나 목표를 향해 달려 나갈 때 여러 난관에 부딪친다. 그것은 외부적인 난관일 수도 있고, 때로는 목표가 흐려져서일 수도 있다. 그럴 때 책은 이 같은 난관을 이겨낼 최고의 조언자이다.

실제로 성공한 많은 사람들은 비즈니스의 지식, 인간관계를 풀어가는 법, 유려한 말솜씨 모두를 풍부한 독서에서 얻었다는 점을 기억해야 한다. 참고-굿바이 딜레마 〈개미와베짱이 출간〉필독.

- 동기부여 테이프 듣기

테이프로 듣는 강의는 책과는 또 다른 느낌을 준다. 생생

하고 강렬한 육성을 직접 귀로 들을 수 있으므로 집중도가 높고 임팩트도 강하다.

또한 이동하는 시간만 잘 활용해도 충분한 이해가 가능하다. 대화하듯 즐겁게 듣다 보면 긍정적인 마인드로 성장할 수 있다. 크게 성공한 네트워크 사업자들은 대부분 이 테이프 강의에서 많은 것을 배웠다고 강조한다.

- 미팅에 100% 참석하기

사업 미팅은 단순히 놀고 즐기는 친목 모임이 아니다. 이 자리는 앞서 사업을 시작한 스폰서들에게 조언을 듣고 자신의 문제점을 속 시원하게 털어놓을 수 있는 기회의 자리이다.

훌륭한 경험과 노하우를 가진 이들의 이야기로부터 힘을 얻고 차근차근 따라가다 보면 내가 원하는 목표 지점에 가는 일도 한결 수월해질 수 있다.

또한 무엇보다 이 자리는 실패의 경험에 대해서도 조언을 얻을 수 있다는 점에서 귀한 자리이다. 나보다 앞선 이들도 때때로 실패하고 그것을 극복했다는 점을 알게 되면 잠시 잃었던 용기를 되찾을 수 있다.

초기 사업자를 위한 체크 포인트

- 미팅에 참석하거나 책을 읽으면서 얻은 비즈니스 정보를 잘 기록해 두었는가?
- 알게 된 지식을 행동으로 옮기기 위한 계획을 세우고 있는가?
- 정확한 자료를 많이 확보했고 그것에 대한 사실 확인을 했는가?
- 용기가 부족해질 때 나를 도와줄 사람들이 주변에 있는가?

3. 성공 시스템을 따르면 성공은 따라온다

흔히 자영업을 중노동이라고 말한다. 새벽 같이 점포를 열어야 하고 밤늦게 문을 닫는 그들의 삶은 그야말로 고단하다. 그러나 더 큰 문제는 처음 시작할 때 그 사업과 관련한 노하우를 제대로 배우지 못한 채 홀로 모든 것을 시작해야 한다는 점이다.

실제로 엄청난 개런티를 요구하는 일부 프랜차이즈를 제외하면 그 사업장을 어떻게 운영해야 하는지, 마케팅은 어떻게 해야 할지, 제품의 기능을 어떻게 높일 것인지, 어떻게 고객과 신뢰를 쌓을 것인지, 이 중요한 사업 방법들을 조금도 배울 수 없다.

그러나 네트워크 비즈니스는 시스템 안에서 이 모든 사업의 방법들을 하나씩 배우고 나보다 일찍 성공한 사람들이 제안하는 안정적인 플랜 속에서 사업을 진행할 수 있는 거의 유일한 사업이다.

다시 말해 네트워크 비즈니스에는 수학의 공식과 비슷한 사업의 '시스템'이 있으며 이를 잘 따르는 것만으로도 상당 부분의 실패를 피할 수 있다.

따라서 네트워크 비즈니스를 체계적으로 시작하고자 한다면, 반드시 그 회사가 합리적인 시스템을 갖추고 있는지를 파악하고 먼저 성공한 사람들의 시스템을 따르도록 노력해야 한다.

① 전체적인 시스템 파악하기

네트워크 비즈니스의 성공 시스템은 사업의 핵심이다. 따라서 기본 준비를 진행하는 동시에 네트워크 비즈니스 시스템에 대한 충분한 사전 지식과 이해를 선행해둘 필요가 있다. 미팅 참석과 추천 도서를 읽으면서 시대의 흐름을 익히고 그 안에서 스폰서의 시스템을 꼼꼼히 검토할 필요가 있다.

이런 시스템 이해하기의 단계에는 업라인과 스폰서들이 추천하는 도서목록과 강의목록이 큰 도움이 된다. 각각의 여건에 걸맞은 책들과 강의를 꾸준히 살피고 그 안에서 핵심적인 성공 사례와 실패 사례 등을 가능한 한 많이 접해야 한다.

초기 사업자를 위한 체크 포인트

- 네트워크 비즈니스 시스템에 관련된 책을 5권 이상 읽었는가?
- 책을 읽으며 궁금한 부분은 메모하고 질문해서 답을 구했는가?
- 성공 사례와 실패 사례에 대해 풍부하게 알고 있는가?
- 언제나 질문하고 도움을 받을 수 있는 업라인 스폰서가 있는가?

② 사업을 함께 할 이들의 명단 작성하기

시스템 사업의 초기 1개월에서 명단 작성은 아주 중요한 부분을 차지한다. 네트워크 비즈니스는 결과적으로 인적 네트워크 안에서 이루어지는 일이다.

그리고 명단 작성이란 단순히 아는 사람의 이름을 나열하는 것이 아니라 앞으로 내가 누구를 만나고, 누구를 내 성공 시스템 안에 포함시켜 협력과 발전을 이루어갈 것인가를 결정하는 일인 만큼 신중한 고민과 노력이 필요하다.

여기서 주의할 점은 내가 아는 사람이라고 해서 무작정 명단 대상에 올려서는 안 된다는 것이다.

또한 마음에 드는 명단을 작성했다면 그들의 상황을 판단하고 올바른 접근법을 사용해야 한다.

명단을 작성할 때는 다음의 작성 요령을 기억해야 한다.

좋은 명단 작성의 6가지 요령

1. 명단을 작성할 때는 스폰서와 함께 한다.

2. 1시간 가량 시간을 두고 아는 사람을 모두 적는다.

3. 최소한 50명이 되도록 한다.

4. 이들이 직업과 직장, 연령대, 거리 등으로 분류한다.

5. 사업을 같이 하고 싶은 사람을 먼저 적는다.

6. 명단을 프린트해 항상 지참하고 새로운 사람을 추가하거나
   삭제하는 등 업데이트 한다.

* 1차 명단

-가까운 친척

-가까운 이웃

-자주 만나는 친구

-업무상 지인

-동호회/취미 모임에서 만나는 사람

* 2차 명단

-새로운 사람을 계속 추가해 나간다.

대한민국이라는 하나의 사회 속에서 우리는 각각의 나이
대마다 주어지는 상황들을 접하며 살아간다. 물론 작고 큰
차이는 있겠지만 같은 사회 안에서 사는 이상 대부분은 그
사이클 안에서 움직일 수밖에 없다.

따라서 명단을 만들 때는 연령대별로 라이프 사이클을 점검해보고 나아가 그에게 맞는 공략법을 실행해야 한다. 이처럼 커다란 카테고리를 만들어 놓으면 상대의 상황을 풍부하게 이해하고 각 상황에 맞는 미팅법을 활용할 수 있게 된다.

다음은 각각의 나이에 걸맞은 공략법이니 천천히 읽어보고 모자란 게 있다면 스스로 덧붙여 활용해 보도록 하자.

- 20대 명단 짜기

20대는 한창 사회생활을 시작하는 시기이다. 꿈과 열정이 큰 만큼 이상적이고 논리적이라 많은 질문을 한다. 그러나 일단 확실한 동기 부여가 마련되면 확신을 통해 단호하게 일을 시작하는 경우도 많다. 또한 소비에 대한 욕구가 강해서 물질적인 부분을 중요하게 여기고 각자 개성 있는 라이프스타일을 꾸려간다.

생각해봐야 할 포인트

아직 사회생활에는 미숙하지만 합리적이고 계산적이라 돈을 벌고 싶은 욕구가 크다. 미래에 대한 기대가 큰 만큼 확실한 비전을 제시하면 가장 빨리 움직인다.

즉 왜 이 사업을 해야 하는지를 구구절절 설명하기보다는 큰 희망과 포부를 안겨주어야 한다. 또한 지나치게 장기적인 사업 구조를 설명하는 대신 언제까지 어떤 결과를 얻을 수 있을지를 단기적 플랜으로 확실히 설명해 주어야 한다.

- 30대 명단 짜기

30대는 가정을 이룬 이들이 많다. 차츰 책임감이 커지고, 가족 단위로 움직이게 되는 만큼 소비도 20대 때보다 크다. 가족들과 좀 더 안락한 생활을 하고 싶다는 욕구가 강한 때이지만 20대보다 안정적인 수익을 추구하는 경향이 크다. 또한 거주지에 대한 욕구는 커졌지만 집을 살 형편은 되지 않는 이들이 많아 내 집 마련에 대한 열망이 큰 세대이다.

생각해봐야 할 포인트

수익은 20대 때보다 커졌지만 라이프스타일의 고급화와 결혼 등으로 지출 비용이 커지는 시기이다. 또한 미래를 위해 보장성 저축이나 부동산

등을 다소 소유하고 있는 이들이 적지 않고 점차 안정세에 들어갈 때이다.

그러나 문제는 이 나이대의 대부분의 사람들이 아직은 원하는 만큼의 경제적 기반을 얻지 못했다는 점이다. 동시에 20대 때처럼 열정으로 모든 걸 해결할 수 있다고 믿는 시기가 아니므로 위험 요소가 크다고 판단되면 선뜻 나서지 않는 신중함도 가지고 있다. 또한 돈의 욕구가 더 강해지고 아직은 에너지가 많은 만큼 많은 자본을 벌기 위해 투잡을 하기도 한다. 따라서 이 또래의 사업자를 만날 때는 시스템의 안정성과 노후 설계, 투잡에 대한 이야기를 편하게 나누는 것이 가장 좋다.

- 40대 명단 짜기

이 또래의 사람들은 가정도 일도 어느 정도 안정을 이루어 넉넉한 편이다. 또한 사회적인 인간관계도 확장되어 그 파급력이 커지는 시기이다. 다만 사회적 불안에 휩쓸려 조기퇴직할지 모른다는 불안이 도사리고 있고, 노후에 대한 관심이 높아진다. 또한 일찍 퇴직해 다른 일을 도모하거나 다른 사업을 시작해보려는 욕구가 강해지는 때이다.

40대는 건강과 노후에 대한 본격적인 대비가 시작되는 무렵이다. 자식들이 성년 무렵에 들어서면서 많은 학비가 들어가기도 한다. 다시 말해 이들을 만날 때는 미래에 대한 안전 대책을 중요 핵심 주제로 잡고 설명하는 것이 좋다.

예를 들어 안정적 노후를 보내려면 어느 정도의 돈이 필요하고, 이 사업을 통해 어느 정도의 금액을 벌 수 있다는 확신을 심어주어야 한다. 또한 우리 사회의 취약한 노후 연금 제도, 의료비, 사교육비 등의 시사적인 문제점을 공유해 감정적인 소통을 하는 것도 좋은 방법이다.

- 50~60대 이상 명단 짜기

최근 평균 수명이 증가하면서 이 나이를 지나는 사람들도 나름대로 왕성한 활동을 하고 있다. 이 시기는 이른바 제 2의 인생이 시작되는 시기로서 자녀들은 출가하고, 안정된 노후를 바라는 열망이 더 커지기 시작한다. 또한 이 무렵이 되면 대다수가 퇴직을 한 상황이므로 경제적인 불안을 느끼는 이들 또한 적지 않다.

또한 사회에서 은퇴함으로써 인간관계가 대폭 축소되면

서 사람들과 어울리는 일이 줄어들게 되는 만큼, 좀 더 활동적인 움직임과 사교를 열망하게 된다.

생각해봐야 할 포인트

이 무렵의 사람들은 자녀 결혼에 관심이 많고 자금 융통, 나아가 노후 설계에 대해 좀 더 구체적인 지표를 원한다. 또한 실패한 투자 경험도 있는 나이인 만큼 모든 것이 좀 더 조심스럽다. 또한 돈에 대한 열망은 30~40대보다 적어서 부담이 적고 수익이 일정하고 확실한 사업에 관심을 가지게 되며, 여럿이 교류하는 활동적인 사업이라는 면에 매력을 느끼는 경우가 많다.

이들을 만날 때는 인생을 재정비하는 법, 자녀 문제, 인맥과 교류 등을 토대로 이야기를 풀어가는 것이 좋다.

초기 사업자를 위한 체크 포인트

1. 명단 작성 시 우선순위를 잘 기억하고 있는가?

2. 명단에 적은 사람을 만날 때 충분한 준비를 하고 찾아갔는가?

3. 어려울 때 업라인의 도움을 요청했는가?

4. 한 번 거절당한 사람을 두 번 이상 찾아갔는가?

5. 상대를 진심으로 대하고 그와 많은 대화를 나누었는가?

6. 당신의 명단 안의 사람들은 믿을 만한 사람들인가?

제2부
정보와 지식을 발로 움직여라 - **둘째 달**

1. 시스템을 복제하라

월드컵이나 올림픽이 되면 우리는 수많은 경기를 즐기고 그 중에 뛰어난 운동선수를 보면 박수를 보내고 환호한다. 그러나 경기가 끝나고 나면 사실상 그 대부분의 선수들을 잊어버린다. 그들의 승리를 볼 때는 짜릿한 기분을 느끼면서도, 정작 그가 걸어온 고단한 시간에는 큰 관심을 보이지 않는 것이다.

그러나 잘 알겠지만 한 사람의 뛰어난 운동선수가 탄생하는 과정은 우리의 상상 이상으로 험난하기 그지없다. 그들은 하루도 빠짐없이 근 십 수 년간을 철저한 규칙과 시스템에 따라 체력을 단련하고 기술을 배운다.

단 하루라도 방만하게 흘려보내면 곧바로 실력에 누수가

생기게 된다. 다시 말해 그들이 진정한 승자가 될 수 있었던 것은 단순히 타고난 재능과 운이 좋아서만이 아니라 트레이닝과 규칙을 철저할 만큼 잘 따랐기 때문이다.

그것은 사업에서도 마찬가지이다. 많은 부자들과 성공한 사업자들은 무엇보다도 '검증된 시스템'의 힘을 강조한다. 개인의 능력과 노력이 아무리 훌륭해도 그에 걸맞은 좋은 시스템을 만나지 않으면 성공할 수 없다고 말한다.

그렇다면 여기서 말하는 성공의 시스템이란 과연 무엇일까? 쉽게 말해 그것은 '성공 교과서'라고도 부를 수 있다. 이 시스템은 경험의 축적이 만들어낸 성공의 지도이자 공식이다. 많은 이들이 꿈과 열정을 가지고 사업체를 일구고 그 안에서 성공과 실패를 경험하면서 차곡차곡 쌓아서 만들어낸 노하우의 집합체인 것이다.

실제로 성공한 사람의 노하우는 운동과 비교하면 훌륭한 코치의 가르침과 다르지 않다. 즉 성공한 이들의 노하우를 배우면 혼자서 악전고투하는 것보다 훨씬 빠르게 좋은 성과를 얻을 수 있다. 실제로 많은 이들이 검증된 시스템 안에서 성공했다는 점에서 시스템의 중요성은 아무리 강조해도 지나치지 않을 것이다.

① 신뢰 복제 1단계 : 신뢰 프로세스 구축하기

신뢰의 구축은 명단 작성 후 본격적으로 파트너와 가입자를 만나기 위해 가장 먼저 준비해야 할 시스템의 1단계이다.

신뢰는 가장 든든한 사업 파트너의 요건이자 초대와 사후관리까지의 과정까지 진행하는 데 큰 도움이 되기 때문이다.

이 단계를 통해 상대의 신뢰 구축을 위한 프로세스를 밟지 않을 경우, 이후 진행되는 초대와 사후관리가 결과적으로 실적으로 이어지지 않게 된다.

따라서 이 신뢰 구축은 네트워크 비즈니스 시스템에서 굉장히 중요한 부분이며, 이 부분은 사실상 처음부터 사후처리, 실적을 낼까지 전 과정에서 실시해야 한다.

이 신뢰 구축은 단계적인 노력이 필요한데 지금부터 그 신뢰 구축을 위한 프로세스를 하나씩 알아보도록 하자.

- 첫인상에서부터 신뢰 쌓기

사람의 첫인상에는 많은 것이 담겨 있다. 따라서 어느 정도 직관력을 가진 사람은 누구나 상대를 만날 때 첫인상을 통해 많은 부분을 판단하게 된다.

특히 이야기를 자세히 듣다 보면 더욱 그 사람이 어떤 상황인지, 어떤 경제 상황인지, 어떤 성품을 가지고 있는지를 자연스럽게 알 수 있게 된다.

그리고 이처럼 상대를 이해하려는 자세는 자연스럽게 친밀감을 만들어낸다. 다시 말해 내가 먼저 상대에게 관심을 표명하고 상대가 그것을 자연스럽게 받아들일 경우, 두 사람은 파트너로 나아갈 가능성도 높아진다. 상대에 대해 좀 더 잘 알고 싶다면 기회를 봐서 다음과 같은 가벼운 질문들을 던져보자.

* 가족과 관련된 질문
- 결혼은 언제 하셨어요?
- 자녀는 있으세요?
- 사모님(바깥 분)께서는 어떤 일을 하시죠?

* 취미와 관련된 질문

- 휴일 날 주로 무엇을 하세요?

- 따로 배우는 게 있으세요?

- 옛날에 꼭 해보고 싶은 게 있으셨어요?

* 사고방식과 관련된 질문

- 요즘 이런 일이 있던데 어떻게 생각하세요?

- 이 일에 대해 어떤 느낌이 드세요?

- 이것에 대해 부정적이세요? 아님 괜찮게 보시나요?

* 직업과 관련된 질문

- 지금 하고 있는 일에 만족하세요?

- 주로 어떤 업무를 하시지요?

- 일할 때 어려운 점은 어떤 게 있으시죠?

- 상대의 감성 이해하기

사람은 제각각 다른 감성을 가지고 세상을 살아간다. 그리고 사용하는 언어나 행동, 표정, 몸짓 등을 보면 그가 따

뜻하고 넉넉한 사람인지, 날카롭고 까다로운 사람인지, 느릿느릿하고 무던한 사람인지, 아니면 여러 복합적인 면이 섞여 있는지 등을 알 수 있다. 이런 사전 정보를 미리 파악하면 그 사람의 마음에 가까이 다가가는 일도 쉬워진다.

예를 들어 상대가 까다로운 사람이라면 말을 많이 하기보다는 합리적이고 깔끔한 대화가 좋을 것이며, 넉살 좋고 잘 웃는 사람이라면 함께 유쾌하게 즐기면 된다.

이때 "아, 저 사람은 나와 잘 맞지 않는군." 하고 너무 쉽게 단정 내려서는 안 된다.

상대를 내 파트너로 받아들이겠다고 마음먹었다면 감정을 넘어 상대의 감성을 받아들이고 긍정적인 결과를 끌어내겠다는 다짐이 필요하다.

사람의 마음을 사로잡는 경청의 5가지 원칙

1. 편견을 버리고 상대의 말을 집중해서 듣는다.

2. 상대의 입장에서 생각한다.

3. 이야기를 끊거나 끼어들지 않는다.

4. 상대방의 말을 반복해서 내가 이해한 것이 맞는지 되묻는다.

5. 말 외의 눈빛과 몸짓 등도 함께 읽는다.

- 공감대 형성하기

공감대는 감정의 공유를 뜻하는 것으로 인간과 인간을 이어주는 가장 강력한 끈이라고 해도 과언이 아니다.

예를 들어 우리는 어떤 주제가 논의될 때, 내게 동의하고 나와 비슷한 감정을 느끼는 사람에게 더 끌리게 된다.

사업 간의 관계도 마찬가지이다. 공감대를 가진 파트너가 만나면 그 사업은 더 탄탄해지고 풍요로워진다. 다만 공감이란 기본적으로 내가 먼저 상대의 입장과 감정을 고려하는 일이다.

공감대를 얻는 방법은 언어뿐만 아니라 표정, 몸짓 등으로도 표현이 가능하다. 또한 거기에 진심을 담으면 그 파장이 더 커지게 된다.

사람의 마음을 사로잡는 제스처의 3가지 원칙

1. 바디 랭귀지를 충분히 활용한다.
2. 상대의 움직임을 살피고 그것을 한 템포 늦게 따라한다.
3. 말하는 속도와 높낮이, 눈 마주침 속도 등 보조를 맞춘다.

② 신뢰 복제 2단계 : 약속하기와 초대하기

아무리 머릿속으로 많은 사실을 알아도 네트워크 비즈니스는 사람을 직접 만나지 않으면 이루어질 수 없는 사업이다.

네트워크 비즈니스는 매 시스템 단계가 모두 중요하지만 약속과 초대의 단계는 더더욱 사업 초기의 성패를 판가름하는 중요한 요소가 된다. 사업의 파트너를 제대로 내 편으로 만드는 가장 중요한 첫 단추를 꿰는 일이기 때문이다.

만일 상대와 약속을 잡고 초대를 하는 방법이 세련되고 호감 간다면, 상대를 내 동반자로 만들 가능성도 훨씬 커진다. 반대로 시도가 거절당할 수도 있다.

하지만 거절을 너무 두려워할 필요는 없다. 한국 사람들은 누군가에게 다가가 먼저 약속을 잡는 일에 익숙지 않고 따라서 처음 시도할 때는 대부분 몇 번의 실수를 경험한다. 그러나 시간을 길게 보고 만나는 사람을 나의 네트워크 인맥으로 생각하고 노하우를 키워 가면 얼마 안 가 능숙한 약속과 초대의 방법을 알게 되므로 크게 걱정할 필요는 없다.

- 초대를 위한 대화법

* 친밀감 있는 대화를 유도하라

초대 가망 파트너들은 대부분 한 번쯤 만남이 있는 경우가 많다. 어떤 사람은 쉽게 이야기를 풀어갈 가능성이 높지만, 어쨌든 친밀하지 않은 관계에서는 서로 경계심을 가지게 될 수도 있다.

그럴 때 "아, 일전에 그 모임에서 뵈었던 누구입니다." 라고 대면한 장소와 시간을 상기시키는 것은 아주 좋은 방법이다. 또한 공통적으로 아는 사람의 이름을 거론하며 "누구누구 씨에게 말씀을 들었습니다." 라고 말하는 식으로 상대의 경계심을 누그러뜨리는 일 또한 필요하다. 또한 상대의 가족 관계, 종교, 성품 등등 기본적 부분을 미리 알아두면 때에 맞춰 적극적으로 활용할 수 있다.

초대를 위한 7가지 활동 계획

1. 매일 하루 한번 초대자 리스트를 작성한다.
2. 미팅 시간을 확실히 정하고 시간을 지킨다.
3. 업무 하루 전 초대자에 대해 검토한다.

4. 방문자 및 가망고객에게 제시할 비즈니스 플랜 및 화법을
   준비한다.

5. 가망고객과의 약속은 하루 3명 이상으로 한다.

6. 가망고객을 소개받을 목적으로 한 사람씩 방문한다.

7. 활동 시간은 오후 시간과 퇴근 시간을 이용한다.

*말하는 것과 듣는 것의 비율을 30 : 70으로 하라

성공적인 초대란 결국 상대의 마음을 얻는 것이다. 초대
가 실패하는 경우를 살펴보면 지나치게 설명적이고 뭔가를
주입하려는 듯 상대를 대했기 때문인 경우가 많다.

여기서 우리는 한 가지 단순한 진리를 살펴야 한다. 사람
은 누구나 듣기보다는 말하기를 좋아한다는 점이다.

따라서 초대 가망자를 만나 대화를 할 때 말하기와 듣기
의 비율을 3 : 7로 해서 상대의 말을 잘 듣고 적절할 때 질문
을 던지는 것이 좋다.

또한 상대가 했던 말을 반복해 "아, 그 일이 그렇게 된 거
군요."처럼 대화의 보조를 맞추어 내가 상대의 말을 주의
깊게 듣고 있다는 것을 보여줄 필요가 있다.

대화에서 상대의 몸가짐과 말투 등의 외적으로 보이는 인상은 초대의 성사에서 가장 중요한 영향을 미친다.

따라서 말투는 가능한 한 밝고 정중하면서도 신뢰감 있는 어투를 구사할 필요가 있다. 또한 상대의 눈을 정확하게 바라보고 작은 면면에서 배려하는 좋은 매너 또한 익혀야 신뢰감을 높일 수 있다.

* 전화를 할 때는 고객에 맞는 시간대와 상황을 숙지한 뒤에
  한다

사실상 현대사회에서 전화는 얼굴을 맞대고 하는 대화만큼이나 일상적이다. 하지만 얼굴이 보이지 않는 만큼 전화통화는 진심을 전달하기가 용이하지 않거나 깊은 소통이 어려울 수도 있다.

이때 얼굴을 보지 않고 말하는 전화통화에서는 더더욱 어투에서 배어나는 세련된 매너와 품성이 중요하다. 특히 전화 시간대는 상대에 대한 배려의 첫 걸음이다.

예를 들어 직장인은 직장인, 기혼자는 기혼자, 사업자는 사업가 나름의 시간 패턴이 있게 마련이다. 다시 말해 통화

하기가 부담스러울 때가 있고, 수월하게 전화를 받을 시간 대가 있다.

따라서 전화를 통해 상대를 초대할 때는 그 상대의 패턴을 파악해 편안한 시간대에 통화를 시도해야 한다.

* 이름과 소속을 정확히 밝혀라

전화에서 나누는 첫 마디는 첫인상과 다름없다. 이 순간 자신 없게 우물 쭈물대면 자칫 좋은 인상을 심어줄 수 없게 된다. 앞서 우리는 좋은 첫인상이 곧 신뢰감으로 이어진다는 점을 살펴보았다.

따라서 나머지 이야기를 잘 끌어가기 위해서는 자신의 소속과 이름을 정확히 밝힌 다음 사업적인 미팅을 해야 한다.

좋은 초대의 10가지 조건

1. 자신의 일에 긍지를 가지고 당당하게 초대한다.

2. 상대방의 동의가 없다면 교육장에 초대하지 않는다.

3. 간만에 만난 친구 등 가까운 사이에서는 충분한 시간을 둔다.

4. 사업 이야기를 꺼내기 전에 상대와 충분히 다른 대화를 나눠 공감을 얻는다.

5. 전화를 사용하지 않고 직접 만나서 이야기한다.

6. 전문가다운 지식을 습득 후 만난다.

7. 참가하는 사람은 4분의 1에 불과하다는 점을 알고 원하는 사람 수의 4배를 초청한다.

8. 호기심은 강력한 동기가 되므로, 모두 다 말하는 대신 호기심을 유발한다.

9. 약속은 너무 미리 하지 말고 세미나 하루 이틀 전에 한다.

10. 올바른 초청 방법에 대해 스폰서와 동료들과 자주 논의해 활용한다.

2. 명확한 비전으로 상대를 꿈꾸게 하라

초대는 본격적인 사업 설명의 전 단계이자 기초이다. 일단 초대가 성사되어 파트너가 될 만한 사람을 만날 약속을 잡았다면 이제는 내가 가진 사업의 비전을 얼마나 정확히 전달할 수 있느냐가 파트너와 팀웍의 성패를 결정하게 된다.

비즈니스 플랜을 명확하게 제시하는 것은 파트너가 될

사람이 그 사업을 통해 성취할 미래를 눈에 그려볼 수 있도록 도와주는 일이다.

따라서 이런 사업 설명은 단순히 말의 나열이 되어서는 안 된다. 가능한 한 긍정적이면서도 정확하게 눈으로 직접 확인해볼 수 있는 프레젠테이션 자료 등을 철저히 준비하는 것도 반드시 필요하다.

① 비전 복제 1단계 : 눈에 보이는 비즈니스 플랜 설명회

여기서 여러 번의 실패를 하더라도 절대로 좌절해서는 안 된다. 사업 초기 두 번째 달에 이 중요한 단계를 100% 만족스럽게 진행한다는 것은 사실 어려운 일이다. 사업 설명과 비즈니스 플랜을 보여주는 단계는 많은 경험이 필요한 부분이기 때문이다.

만일 무엇을 어떻게 해야 좋을지 가늠이 되지 않을 때는 혼자서 모든 것을 해결하려 하지 말고 경험이 많은 업라인들의 설명을 차분히 들어보고 그들의 방식을 배울 필요가 있다. 또한 능숙한 업라인의 사업 설명회를 자주 듣고 노하우를 적극적으로 익혀야 한다.

다음은 비즈니스 플랜을 시도하는 설명회가 가져야 할 기본적인 목표이다.

정보 전달의 10가지 원칙

1. 자신감과 신뢰감을 주는 자세를 가져라.

2. 준비된 자세로 철저히 연습한 뒤 실전에 들어서라.

3. 장황하게 늘어놓는 대신 사실 위주로 짧게 설명하라.

4. 상대방의 호기심을 자극하는 선에서 말을 아껴라.

5. 첫 만남에서 한꺼번에 모든 것을 바꾸거나 설득하려 들지 말라.

6. 상대방의 기준에 맞춰 설명하라.

7. 전화 통화를 피하고 직접 만나라.

8. 상대방에게 생각할 시간을 주어라.

9. 가급적이면 많이 들어주어라.

10. 다음 미팅까지 염두에 두고 전달을 진행하라.

- 상대의 고정관념을 깨야 한다

우리는 대부분 새로운 사업에 대해 부정적인 시각을 느낀다. 또한 극히 일부만 가지고 한 사업을 평가하기도 한다. 그럴 때 정확한 플랜을 제시해서 이 사업이 허황한 꿈이 아니며 누구나 도전해서 얻어낼 수 있는 가치라는 것을 주력해서 설명해야 한다. 고정관념이 깨지면 상대도 잃어버린 열정을 되찾고 흥미를 가지게 된다.

- 어떻게 꿈을 되찾을지 그 과정을 눈에 그리듯 보여주어야 한다

이 사업이 어떤 시스템을 통해 어떤 방식으로 진행되며, 그 결과 안에서 수익 구조 등에서 어떤 변화가 일어나는지를 직접적인 사례를 들어 설명해야 설득력을 가질 수 있다. 사업에 성공한 업라인들을 초청해 직접 그 경험담을 들어보게 하는 것도 좋은 방법이다.

- 한 차례 초대가 아닌 다음 초대까지 이어질 것을 고려한다

앞서 파트너 가망자들에게 이런 비즈니스 플랜 제시는 단 한 차례로 모든 걸 보여주기 어려우며 여러 번 미팅이 필요하다는 점을 숙지시켜야 한다. 따라서 설명회 마무리에는 호기심과 동기를 부여하면서 그 여운을 남겨서 다음 초대까지 이어지도록 해야 한다.

초기 사업자를 위한 체크 포인트

- 사업상의 장소에서는 복장 및 용모를 단정히 한다.
- 상대가 미팅 장소에 어린아이들을 동반하지 않도록 미리 양지한다
- 강의 전에 휴대폰을 꺼 강의 진행에 방해가 되지 않도록 한다.
- 강의장에서는 어떠한 음식물(커피 및 음료수 포함)도 반입을 금지한다.
- 파트너들을 접할 때, 항상 웃고 먼저 인사한다.
- 교통편은 가능한 한 각자가 해결하도록 한다.
- 새로운 파트너가 초대되면 업 라인 스폰서에게 소개한다.
- 사업자 상호간에 금전 거래는 절대 하지 않는다.
- 교육장 안에서 본인의 직업에 대한 권유(예: 보험 가입, 각종 회원 가입 신청, 자동차 구입 권유 등)를 하지 않는다.

- 사업적인 만남에서 정치적, 주관적 이야기는 피한다.
- 모든 공식적인 모임에서의 비용은 되도록 각자의 부담으로
  한다.

② 비전 복제 2단계 : 팔로우 업을 통해 상대를
내 시스템의 일원으로

비즈니스 플랜 제시는 그것으로 끝나는 것이 아니다. 그 뒤에는 반드시 설명을 들은 사람들에 대한 후원과 평가가 이루어져야 한다. 그리고 이 순간 우리는 성취감을 동시에 느끼게 된다. 어떤 이들은 선뜻 긍정적인 반응을 보이는 반면 또 어떤 사람은 더 이상 이 사업에 관심을 보이지 않을 수도 있다. 이럴 때 설명회의 실패나 가망자의 거절을 자신의 탓으로 돌리는 것은 어리석은 일이다. 사업 역시 사람이 하는 일이라 모든 플랜 설명회가 성공으로 끝난다는 것은 거의 불가능한 일이기 때문이다.

또한 여기서 우리는 진정한 사업의 시작은 바로 이 "NO"라고 말하는 사람을 잘 설득하는 과정에서 시작된다는 것을 기억해야 한다. 사실 설명회가 끝나자 모두가 박수를 치

며 웃는 것은 영화 속에서나 등장하는 장면이다. 의문을 품는 사람, 거절을 표시하는 사람, 시큰둥한 얼굴로 돌아가는 사람이 있는 것이 오히려 현실적이다.

진정한 팔로우 업이 시작되는 것은 이 시점이다. 엄밀한 의미에서 팔로우 업이란 이 설명회를 긍정적으로 받아들인 상대에게도 좋은 효과를 발휘하지만, 그 반대의 상대에게도 반드시 필요한 과정이다.

따라서 평가 과정에서 부정적 의견이나 "아니오!"라고 답변한 사람에게는 더 성의껏 응대해서 그들의 마음을 돌릴 필요가 있다. 다음은 'NO!'라고 말하는 이들에게 적합한 설명 과정이니 잘 익혀서 몸소 활용해보자.

- 상대의 'No'는 언제든지 'Yes'로 바뀔 수 있다

누군가 거절을 표시할 때 대부분의 사람은 놀라서 말문이 막혀버리고 만다. 하지만 'No'라는 표현 안에는 다양한 의미가 숨겨져 있다. 'No'는 단순하게 "싫다"는 의미라기보다는 의심과 걱정 등등 여러 복합적 감정이 표출된 결과이기 때문이다. 이를테면 새롭게 변화하는 것에 대한 두

려움, 돈이 많이 지출될 것 같다는 불안, 아직 확신이 서지 않아 결정을 미루고 싶다는 마음 등등이 그것이다.

그러나 그 한편에는 보다 심층적인 욕구가 자리 잡고 있다. 좀 더 대접받고 싶다는 생각, 자기 이야기를 들어주고 의심을 불식시켜주었으면 하는 생각 등이다.

실제로 이 'No'라는 대답을 많이 들어본 경험자들의 경우, 각각의 말투나 어감, 이어지는 말들을 통해 상대가 어떤 부분에 강하게 저항감을 가지고 있는지를 금방 파악하곤 한다. 일단 상대가 'No'를 한다면 앞서 거론한 불안과 의심 등을 품고 있다고 생각하고 그것들을 해소시켜주는 데 주력해야 한다.

- 왜 "NO"라고 외치는지 그 이유를 귀 기울여 들어라

고객을 자주 응대하는 법을 들어보면 재미있는 사실 하나를 발견하게 된다. 고객이 클레임을 표출할 경우 그 이야기를 잘 들어주는 것만으로도 불만의 90%가 해소된다는 것이다.

다시 말해 상대가 'No'라고 외치는 것에는 그의 마음속

의 복잡한 이야기와 생각이 담겨 있게 마련이다.

따라서 그 말을 듣고 쉽게 단정 짓지 말고 "그렇다면 왜 그런 생각을 하시게 되었지요?"라고 차분히 묻고 답을 기다려야 한다. 이런 차분하고 중립적인 대화방법은 나도 당신의 마음을 공감하고 있다는 것을 알려서 부정적인 감정을 해소하고 한 걸음 더 가까이 상대의 마음으로 다가가는 것이다.

이럴 때 상대가 강력하게 거절하며 대화 자체를 거부한다면 돌이키기 어려울 수 있지만, 그렇지 않을 경우 아마 이야기는 더 길게 진행될 것이다. 그럴 때 대화 와중에 반박하지 말고 "아, 그랬군요. 충분히 이해합니다.", "그 부분이 마음에 걸리셨군요."라고 충분히 공감하는 태도가 중요하다. 실제로 사람들은 정말 싫어서가 아니라 걱정과 불안 때문에 'No'를 외친다. 하지만 이때 비온 뒤에 땅이 굳는다는 말을 기억하자.

처음에 거절을 당했을 때 상대의 말에 공감해주고 그 생각을 성실히 경청해주면, 상대는 그를 통해 불안과 의심을 해소하고 오히려 당신에게 더 굳은 신뢰를 가지게 될 것이다.

좋은 팔로우 업의 10가지 요령

1. 후속조치는 모임이 끝난 후 반드시 24시간 또는 48시간 이내에 한다.

2. 후속 연락을 취하기 전에 명단을 다시 보고, 그들이 어떤 꿈을 가지고 있었는지, 어떤 상황이었는지를 다시 한 번 살펴본다. 그들이 불안해한다면 그 불안을 해소해 줄 논리와 방법을 고민한다.

3. 이 사업에서 성공한 사람을 소개해 만나도록 해서 확신을 심어준다.

4. 거절당하더라도 지속적으로 좋은 관계를 유지한다. 그들이 단순회원이나 소개자가 될 수 있다.

5. "결정하셨습니까?", "회원이 되시겠어요?" 등의 단정적인 표현은 피하라.

6. 만남은 짧게 자주 가져, 상대가 부담을 느끼지 않도록 한다.

7. 대화를 잘 들어주되 내가 주도한다.

8. 상대의 첫 번째 "No!"에 흔들리지 말라.

9. 다시 한 번 객관적인 자료를 충분히 활용한다.

10. 최고의 비즈니스맨다운 복장을 차려 입는다.

제3부
시스템 구축으로 수익 구조를 창출하라 **- 셋째 달**

1. 지속적인 관계 형성이 시스템의 시작이다

상대를 구체적으로 만나고 그가 이 사업에 대해 어떤 생각을 가지고 있는 피드백까지 받았다면 이제는 다음 단계로 넘어가는 일이 필요하다. 바로 그렇게 만난 소중한 관계를 어떻게 지속적으로 이어가는가이다.

이때 기억해둬야 할 부분이 있다. 아무리 내게 "No"라고 외쳤던 사람이라도 지속적인 관계를 쌓다 보면 언젠가 다시 좋은 파트너가 될 수 있다는 점이다.

흔히 많은 사람들과 좋은 관계를 유지해서 '마당발'이라고 불리는 사람들이 있다. 그들을 잘 살펴보면 한 가지 장점이 발견된다. 자신에게 우호적인 사람은 물론, 다소 적대적인 관계와도 원활한 관계를 유지해 종래에는 자기편으로 만든다는 점이다.

네트워크 비즈니스에서 오랜 시간 속에서 서로를 이해하고 검증하면서 자연스레 쌓인 유대관계만큼 훌륭한 자산은 없다. 이런 유대관계는 시스템의 구축, 독립적인 사업자가 되기 위한 기본적인 토대가 되기 때문이다.

다음은 팔로우 업까지 마친 뒤 피드백을 받은 이들에게 어떻게 지속적인 사후관리를 해서 시스템 구축의 벽돌을 쌓을 수 있는지를 핵심적으로 설명한 부분들이다.

① 시스템 구축 1단계 : 사후관리

사후관리란 본질적으로 상대에게 단순한 이익관계를 넘어 인간적으로 소중히 여긴다는 느낌을 주는 일이다. 실제로 그저 한 번 만나 인사를 나누고 사업상 이야기를 나누었을 뿐인데 그가 나를 잊지 않고 정기적으로 연락해온다면 어떨까?

아마 처음에는 "저 사람이 나한테 뭘 바라고 저러나?" 의심이 들 것이다. 하지만 그것이 두 번, 세 번, 네 번 지속되면 어떨까? 자연스럽게 경계를 거두고 그에게 고마운 마음을 가지게 되는 것이 인지상정인 것이다.

- 상대에게 "저 사람은 나를 소중히 여기는구나."라는 기분을
전하라

사후관리는 상대에게 '소중한 기분'을 전달하는 것이 가
장 중요한 목적이다. 또 하나 그 순간 당장 내 파트너가 되
지 않더라도 오랜 시간 지속적인 관계를 유지하는 것이 두
번째 목적이다.

흔히 한두 번 사후관리를 하다가 귀찮다거나 불편하다는
이유로 그만두는 경우가 있는데 그런 사후관리는 아예 하
지 않는 것만 못하고, 오히려 평판만 나빠질 수도 있다. 열
번 찍어 안 넘어가는 나무 없다는 명언은 단순히 남녀 간에
만 통하는 말이 아님을 기억해야 한다.

- 적절한 도구와 장소를 이용해 꾸준히 소통하라

사후관리는 비단 한두 가지 방식만 있는 것이 아니다. 언
제 어디서나 다양한 방식으로 그와 접촉하고 이야기를 나

눌 수 있다면 그 자체가 사후관리인 것이다.

만일 상대와 같은 건물에서 자주 마주치는 사이라면 먼저 밝게 인사하고 관심을 가져주는 것도 훌륭한 사후관리일 수 있다. 또한 업무상 다른 곳에 있거나 지역적으로 거리가 있어 자주 보기 어렵다면 전화나 이메일, 카드 등 다양한 소통 통로를 이용해 접촉 빈도를 늘릴 필요가 잇다.

또한 이런 사후관리를 할 때에는 상대가 이메일이 더 편한지, 전화 통화가 편한지, 정기적인 사업 소개 등 비즈니스 관련 연락이 적합한지 등등을 잘 파악해서 이 중에서 가장 효과적인 방법을 사용하도록 해야 한다.

② 시스템 구축 2 단계 : 사업 점검과 동기 부여

사업 초기 석 달 정도에 들어섰다면 이제는 지금까지의 성과들을 차분히 돌아보고 한 번쯤 재점검하는 여유가 필요하다. 또한 이때 들여놓은 사업 점검의 습관은 네트워크 비즈니스가 자리를 잡아나가는 1~2년의 시간 투자 기간에 유용하게 사용될 수 있다.

사업 점검은 업라인의 도움을 받아 작성하되, 자신이 지금껏 경험한 것들과 미래의 플랜이 모두가 담겨 있어야 한다.

- 좋은 사업 점검에 필요한 5가지 법칙을 지킨다

1. 사업이라는 것에는 언제나 문제가 도사리고 있음을 인정하고 실수를 받아들인다.
2. 점검은 문제가 있다면 과정 중간에도 언제든지 필요하다는 점을 기억한다.
3. 문제가 있을 때 혼자 해결하려 들지 말고 경험 많은 업라인과 상담한다.
4. 무조건 열심히 하는 대신 올바른 방향을 잡는 데 주력한다.
5. 문제점이 발견되면 한꺼번에 고치려 들지 말고, 철저한 계획을 세워 단계적으로 진행한다.

- 지속적인 동기 부여로 긍정적인 에너지를 극대화한다

또 하나 중요한 것은 지금까지의 경험에서 실패를 거두어내는 새로운 동기 부여이다. 아무리 거대한 열차도 연료가 없다면 굴러갈 수 없듯, 사람 역시 희망과 무언가를 하고자 하는 열망이 없으면 제대로 목표를 향해 나아갈 수 없다.

석 달째에 들어서면 무조건 앞만 보고 달려온 걸음을 멈추고 자신을 믿고 행동하는 의지를 강하게 다시 한 번 세워야 한다.

또한 적건 많건 지금껏 만난 인적 네트워크와 파트너, 업라인들 모두와 함께 이것을 행해야 한다. 동기부여는 단순히 혼자 하는 것이 아니라 타인을 격려하고 내 희망과 힘, 기회를 주변에 나눔으로써 더더욱 커지기 때문이다.

*타인에게 동기 부여를 하라

- 나는 타인에게 칭찬을 많이 하는 편인가?
- 타인을 칭찬할 만한 이유를 적극적으로 찾고 있는가?
- 타인의 도움이나 업적에 대해 적절한 보상과 인정을 하는가?
- 타인의 잘못을 발견했을 때 즉각적으로 지적하려 들지는 않는가?
- 타인을 나의 이익 때문이 아니라 진심으로 위하며 격려하는가?

* 자신에게 동기 부여를 하라

- 미래에 대해 낙관적 자세를 가지는가?

- 남보다 나은 삶을 이루고자 하는 욕구가 있는가?

- 스스로를 구속하고 단정 짓고 있지는 않은가?

- 자신이 믿는 바를 행동으로 옮겨 실천하는 편인가?

- 다른 사람의 시선에 지나치게 신경 쓰지는 않는가?

③ 시스템 구축 3 단계 : 실적 창출

지금까지 우리는 여러 단계를 거치면서 적지 않은 시간 투자를 해왔다. 석 달째에 들어서면 작건 크건 지금껏 쌓아온 것들을 정리하고 실행할 시간이다.

이 실적 창출은 이 모든 과정의 성과와 자기 발전을 눈으로 확인할 수 있는 단계로서, 잘 뿌려놓은 씨앗을 처음으로 거두는 순간이다. 따라서 이때는 신중함과 동시에 자신감을 가지고 지난 과정을 정리하고 부족한 부분을 메우는 시간이 되어야 한다.

이 단계에서는 직접 사업자가 될 사람들을 만나는 일들

이 빈번해진다. 이럴 때 효과적인 결실을 거두기 위해서는 구구절절 설명을 되풀이하는 대신, 요점만 명확히 그러나 열정적으로 전달해야 한다.

실적 창출 단계에서 반드시 기억해야 할 몇 가지가 더 있다. 우선 상대를 만나기 전에 왜 상대가 바쁜 시간을 쪼개어 나를 만나는지를 생각해야 한다.

그것은 그 역시 '이익'을 원하기 때문이다. 따라서 구체적으로 사람을 만날 때는, 이 사업을 통해 무엇을 얻을 수 있는지를 정확하고 선명하게 전달할 수 있어야 한다.

그러나 처음부터 실적에만 연연하다 보면 실망만 하게 될 수 있으므로, 지금 당장의 수익보다는 실적 창출 또한 엄연한 과정이며 검증된 부분이 필요하다는 점을 알아야 한다.

실적이 좋든 좋지 않든 이 실적 창출 기술을 제대로 익혀 두면 나날이 더 크게 발전하며 더 좋은 실적을 마무리할 수 있는 기회가 다가오게 된다. 다음은 수익을 불러오는 5단계 대화법을 잘 숙지할 필요가 있다.

- 자연스러운 연결성

실적을 불러오는 대화는 연결성에 중심을 두어야 한다. 다시 말해 호기심과 동기를 부여해 상대의 관심을 집중시킨 뒤 그것을 확신으로 연결시켜야 한다.

예시_"요즘 불황이 심합니다. 세계적인 불황이라는데 우리나라도 그 여파가 만만치 않더군요. 모두들 어렵다고 하는데 어떠신지요? 그렇지만 아무리 어려워도 열심히 노력하며 사는 사람들도 많지 않습니까? 또 사업 아이템을 잘 잡는 것도 중요하고요. 요즘 사업 생각하고 계시는 게 있습니까?"

- 특징 설명

지금 내가 시작하는 사업이 다른 사업과 어떻게 다르고, 어떤 대표적인 특징을 가지고 있는지를 반드시 사실에 근거해서 설명해야 한다.

예시 "네트워크 사업은 일반 사업들처럼 큰 자본이 들지 않지요. 지금 내가 가진 인적 네트워크와 인터넷 같은 대중적 장비만 이용해도 되니 따로 점포가 필요한 것도 아니고요. 게다가 내가 쓰는 물건을 소개하는 거니 자신 있게 도전해 볼 수도 있다는 장점이 있습니다."

- 이익 설명

특징을 설명했다면 이어지는 내용으로서 이 사업을 했을 때 어떤 이익을 얻을 수 있는지도 설명해야 한다.

예시 "네트워크 비즈니스의 장점은 한번 시스템을 잘 구축하면 거의 평생 동안 수익을 얻을 수 있다는 점입니다. 어차피 우리는 1년 내내 소비를 하고 살지 않습니까?

거기서 일정한 이득을 가져가는 거니 이 사업은 장기적인 수익 구조를 얻는 것이 가능합니다. 이게 바로 이 사업의 강한 이익이지요."

- 혜택 설명

또한 금액적 이득 외에 이 사업에서 얻을 수 있는 또 다른 혜택을 설명하는 것도 중요하다.

예시_ "네트워크 비즈니스는 오랜 경험을 통한 성공 시스템을 가지고 있습니다. 그 안에서 경험자와 초보자들이 서로를 보완하고 가기 때문에 활발한 교류를 가질 수 있고 실패 확률도 적지요. 그러다 보니 일도 즐겁고 많은 사람을 긍정적인 마인드로 만날 수 있습니다.
어려울 때 혼자 끙끙 앓지 않아도 된다는 게 바로 이 사업의 메리트 아니겠습니까."

- 증거 제시

좋은 대화 마무리는 신뢰로부터 시작된다. 상대에게 내가 지금까지 설명한 내용이 틀림없는 사실이라는 것을 여러 가지 자료나 통계, 사례 등으로 제시해서 확신을 심어주어야 한다.

예시_ "이번에 연구 조사된 우리 소비 구조는 이렇습니다. 점점 회원제 소비 구조가 늘고 있지요.

여기 똑같은 물건을 네트워크 비즈니스와 일반 상점에서 얼마의 가격 차이로 팔고 있는지도 자료가 있네요. 선진국에서는 이런 네트워크 사업이 활성화되어 있지요. 여기 미국의 사례를 보면 알 수 있을 겁니다."

- 반응 체크

상대가 어떤 결정을 내리는지 반응을 살피는 일은 신중해야 한다. 이때 단시간 내로 결정하라고 강요해서는 절대로 안 된다. 그저 상대가 궁금한 것은 없는지, 의심 가는 부분은 없는지 친절하게 질문해서 더욱 강한 신뢰의 고리를 구축해야 한다.

그럼에도 상대가 어떤 의심을 가지거나 동의하지 않는 부분이 있으면 그 부분을 짚어 다시금 설명해주어야 한다. 즉 이 단계는 상대의 부정적 감정을 긍정적 감정으로 전환시키려는 노력이 필요하다.

예시_ "혹시 더 궁금하신 부분이 있으세요? 지금까지 설명 드린 부분 중에 이해가 가지 않는 부분을 말씀해주시면 제가 아는 한도에서 성심껏 대답해드리겠습니다."

④ 시스템 구축 4단계 : 팀 구성과 리더 학습

네트워크 비즈니스는 결코 혼자서는 할 수 없는 사업이다. 따라서 나만의 이익뿐만 아니라 나와 함께 하는 팀원의 이익까지 생각하는 쌍방향적인 팀워크가 반드시 필요하다.

다시 말해 나보다 경험 많은 스폰서나 업라인의 성공 방식을 복제해 나의 사업을 키워나가는 동시에, 반드시 그것을 또다시 다운라인에게 전해주어야 한다.

이처럼 튼튼한 팀을 구성해놓으면 어려운 일이 있을 때 서로 도움을 주고받을 수 있을뿐더러 사업과 삶에 대한 많은 지표를 얻을 수 있다.

무슨 일이든 혼자서 정상에 오르는 것은 어려운 일이다. 기업의 성장도 최고 경영자 혼자만의 능력으로는 어렵다. 이것은 네트워크 비즈니스도 마찬가지이다.

내가 가고자 하는 길을 먼저 경험한 스폰서가 내 성공을 이끄는 길잡이라면, 나를 믿고 의지하는 다운라인은 나를 강한 리더로 만들어낸다.

따라서 손발이 잘 맞는 적절한 팀을 구성하는 일은 네트워크 비즈니스의 결정판이며 아주 중요한 요소이다. 팀 구성은 다음과 같은 형식으로 스폰서와 업라인, 다운라인으로 이루어지게 된다.

- 팀 구성표

성 명 HP :	
성 명 HP :	성 명 HP :
성 명 HP :	성 명 HP :

무엇보다 네트워크 비즈니스의 장점은 성공 시스템이 끊임없이 복제되어 그 이득이 다른 사람에게까지 돌아간다는 것이다.

예를 들어 성공한 사업자들은 결코 그 자리에 머물지 않는다. 그들은 거기에 만족하는 대신 꾸준히 다른 사람들을 만나 자신의 성공 비결을 나누고, 그들과 팀을 이뤄 더 확장된 조직을 이끌게 되는 경우가 많다.

배우고자 하는 마음이 있는 사람은 누구나 참여할 수 있고, 또한 성공하고 나면 그것을 또 다른 사람에게 전달하고자 하는 네트워크 비즈니스의 복제 시스템은 진정 모든 사람을 성공으로 이끄는 훌륭한 윈윈의 결과이다. 다음은 시스템 복제 시에 꼭 알아두어야 할 사항들이다.

- 누군가를 가르칠 수 있을 정도로 내 노하우를 잘 정리하라

아무리 좋은 구슬도 꿰어야 보배가 된다. 마찬가지로 아무리 훌륭한 성공 비결도 나만 알면 아무 소용이 없다.

따라서 네트워크 시스템 안에서 다 함께 성공하려면 그 성공 비법을 타인과 나눔으로써 더 큰 성장을 이루려는 마음가짐이 필요하다.

그러기 위해서는 그것을 타인에게 가르치고 설명할 수 있을 정도로 잘 정리해 데이터화시킬 줄 알아야 한다.

- 새로 만난 파트너에게 시스템을 잘 따르도록 도와주어라

네트워크 비즈니스의 진정한 힘은 여러 사람이 함께 시스템을 잘 따르고 그것을 복제하는 데서 생겨난다. 새로 만난 사업자 팀원이 이 부분에서 어려움을 겪고 있다면 나서서 도와주어야 한다. 그가 충실히 시스템을 따라 수익을 얻으면 그것이 또한 내 수입이 된다는 점을 기억해야 한다.

- 끊임없이 배워라

원대한 목표를 향해 나아가는 길에 절대적으로 완성된 노하우는 없는 법이다. 시간이 흐르면 시대가 변하고 환경이 변하는 만큼 노하우 역시 끊임없는 수정과 보완이 필요하다.

따라서 어느 정도 성공을 거두었다고 그 자리에 멈추지 말고 다른 사업자를 보고 겸손히 배우면서 스스로 배움의 노력을 멈추지 말아야 한다.

좋은 리더의 5가지 행동 법칙

1. 말이 아닌 행동으로 모범을 보여 다른 사업자들이
   따라하도록 한다.

2. 가능하면 월 15회 설명회를 가지면서 화술과 설명 기술을
   갈고 닦는다.

3. 시스템을 적극 활용하고 책과 테이프 등의 도구들을 적절히
   사용해 베테랑이 되어야 한다.

4. 내가 아는 노하우를 다른 이에게 충분히 설명할 수 있을
   정도로 다듬을 줄 알아야 한다.

5. 끊임없이 배우는 자세로 임한다.

제4부
네트워크 비즈니스 Q&A

1. 회원을 통해 돈을 버는 구조입니까?

흔히 불법 피라미드에서는 업라인이 다운라인에게 강제로 물건을 떠넘기는 식으로 이윤을 착취하기도 했지만, 네트워크에는 그저 경험이 많은 사람과 이제 시작한 사람이 팀을 구성해 서로 도우며 사업을 진행할 뿐 상하 관계란 애초에 존재하지 않습니다.

또한 누군가를 회원 가입시켜 커다란 금액을 받는 것도 아니며, 단지 시대 흐름에 맞는 훌륭한 사업을 소개시켜 주고 그로부터 발생한 이윤을 나누는 극히 합리적인 사업입니다.

우리 주변에는 이런 사업을 간절히 원하는 사람이 얼마든지 많습니다. 즉 사업에서 누군가에게 사업을 함께 할 것을 권하는 것은 그 사람과 좋은 파트너가 되어 함께 이윤을 얻고자 함이며, 좋은 정보를 공유함으로써 더 큰 성공을 이루고자 하는 것일 뿐 회원을 통해 돈을 버는 것이 목표는 아닙니다.

2. 먼저 시작하는 사람이 유리합니까?

어떤 사업이든 먼저 시작한 사람이 늘 유리한 법은 없습니다. 신규 사업자가 기존 사업자를 훌쩍 뛰어넘기도 하고, 훌륭한 사업 방법으로 단기간에 성장하는 사람들도 있으니까요. 실제로 어떤 분야든 수없는 회사가 무너지고 또 다른 신생 회사들이 생겨납니다.

오히려 네트워크 비즈니스는 자본금이 들지 않으므로 도산이라는 것이 존재하지 않을뿐더러, 오직 얼마나 열심히 사업을 펼치느냐에 따라 성과가 달라집니다. 먼저 시작한 사람이 유리하다는 말은 근거가 없다고 봐야 합니다.

그것은 불법적인 사업에서만이 가능한 일입니다.

3. 경제적 여유가 없는데 사업을 할 수 있나요?

많은 이들이 이 사업을 시작하는 것도 지금보다 나은 경제적 여유를 위해서입니다. 즉 돈이 없기 때문에 돈을 벌려고 하는 것입니다.

이 사업은 큰돈이 드는 사업이 아닙니다. 생활용품은 일종의 소모 상품이자 기호 상품이므로 어차피 사용 후 바꿔야 합니다. 다만 소비 주체회사를 통해 소비를 하는 것뿐입니다.

4. 과거 비슷한 사업을 해본 이들이 돈이 안 된다고 하던데요?

아이템이 좋다고 해서 그 아이템으로 하는 모든 사업이 성공하는 것은 아닙니다. 무조건 일반화하기 전에 과거의 사업이 어떤 형태였는지 돌이켜보고 그 다음 비교를 해보면 네트워크 비즈니스를 좀 더 잘 이해하게 되지 않을까요?

5. 하다가 그만둬도 계속 수입이 발생하나요?

한번 구축한 팀워을 통해 소비가 되므로 수익은 계속 발생될 수 있습니다. 또한 스폰서와 파트너 각자의 사업으로 진행되는 한편 사업을 그만둬도 단순히 그 상품을 사용하는 것만으로도 수입이 발생합니다. 단 회사의 규정과 절차에 따라 수익을 규제하는 회사도 있습니다.

6. 전달과 모집이 어렵다던데요?

네트워크 사업은 물건 하나를 팔기 위해 초인종을 누르는 영업 형태의 판매가 아닙니다. 일단 시스템이 구축되면 자연스럽게 다른 조직으로 연결되므로 많은 사람을 필요로 하는 사업도 아닙니다. 따라서 정보를 잘 전달하고 서비스(회원)로 연결만 하게 되면 저절로 소비되는 상품입니다.

7. 말을 잘 못 해서 걱정인데 괜찮을까요?

이 사업은 말로 유혹하는 사업이 아니며, 말을 못 한다고 해도 오히려 나을 수 있습니다. 있는 그대로를 사실로서만 이야기하는 것이 오히려 진실성을 전달하는 데는 낫기 때문입니다.

또 하나 기억해야 할 것은 아무리 말 잘하는 사람도 처음부터 그랬던 것은 아니라는 점입니다. 이 부분은 차근차근 배우면 됩니다.

8. 인맥이 없어서 어렵지 않나요?

아마 이 부분이 많이 걱정이 되실 것입니다. 충분히 공감합니다. 하지만 이 사업을 진행한 많은 이들의 경험으로 볼 때, 이 사업은 결코 많은 인맥을 필요로 하지 않습니다. 인맥 중에 믿을 만한 몇 사람으로도 서로 서로 도우면서 이끌어가는 것이 충분히 가능합니다. 또한 사업을 하다 보면 자연스레 인맥을 만들 기회가 수없이 다가옵니다.

9. 시간 소비가 많을까요?

우리가 이 사업을 하는 것은 좀 더 큰 시간적 자유를 얻기 위해서입니다.

이 사업은 자리를 잡으려면 2~3년이 걸립니다. 어찌 보면 다른 사업들에 비해 많은 시간이 필요하지 않은 것일 수도 있습니다. 2년에서 3년은 자신과 미래를 위해 투자한다고 생각하면 결코 긴 시간이 아닙니다.

네트워크 비즈니스와 함께 하는 새로운 도전

세상에 돈 버는 방법은 다양하다. 월급을 타서 꾸준히 저축하는 사람도 있고, 주식을 하는 사람도 있다. 아니면 자영업이나 사업을 할 수도 있다. 다시 말해 중요한 것은 '돈을 번다'가 아니라, '어떻게 버는가'일 것이다.

그리고 네트워크 비즈니스의 가장 큰 매력은 바로 도전하고 노력하는 가운데 자신이 꿈꾼 만큼 성취할 수 있는 확고한 시스템이 존재한다는 것이다.

다시 말해 최선의 노력을 기울이고 자신의 재능을 최대한 발휘하는 일이자, 그 과정 자체에서도 기쁨을 느끼고, 또한 목표를 향해 달려가며 더 나은 삶을 꿈꿀 수 있다.

사람 역시 오랫동안 도전과 변화를 잊고 살면 녹슬게 마련이다. 그렇다면 지금 그 꿈을 다시 한 번 떠올려보자. 당신이 꿈꾸던 미래는 무엇이었는가? 지금 당신은 어디까지 와 있고, 앞으로 어떤 가능성이 있는가?

　꿈의 첫 단계는 변화를 받아들이고 다시 한 번 목표를 가지는 것이다. 성공은 멋진 것이며, 목표가 실현되고 꿈이 이루어지는 과정만큼 신나는 일도 없을 것이다.

　다른 누군가의 성공을 탐내기 전에 작더라도 온전히 내 성공을 이룰 때의 기쁨을 기억하자.

　세상 꼭대기에 올라선 기분으로, 세상사람 모두가 내편처럼 느껴지던 그 순간을 이제 다시 이 사업을 통해 만날 수 있을 것이다.

　성공하고 싶다면 일단 문을 두드려야 한다. 그리고 하나씩 배워 가면 되는 것이다.

　처음부터 잘하는 사람은 없다. 과정 속에서 성장하는 사업, 더 큰 꿈을 키워주는 사업, 그것이 진정한 비즈니스일 것이며, 여러분에게 어울리는 사업일 것이다.

시스템 용어 해설

스폰서(Sponsor) : 네트워크 비즈니스의 정보를 준 사람

프론트(Front) : '내' 가 전달한 사람

다운라인(Down Line) : 프론트로부터 전달받은 사람

업라인(Up Line) : 스폰서의 스폰서

전달체계를 통한 네트워커의 호칭

업라인 스폰서 : 〈 스폰서 〈 나 〉 프론트 〉 다운라인

홈미팅(Home Meeting) : 처음 사업을 시작하는 사람과 사업을 하고 있는 파트너간의 정보 교류를 위한 사람들의 모임

그룹미팅(Group Meeting) : '나' 로부터 시작한 사람들의 미팅

랠리(Rally) : 네트워커가 이룬 성취를 축하해 주는 모임

펑션(Function) : 그룹의 리더들이 성취를 이룬 네트워커를 축하해 주는 모임

컨벤션(Convention) : 회사에서 성취한 네트워커를 축하해 주는 모임

고-게터(Go-Getter) : 실행합시다.

에스티피(Show The Plan) : 사업 설명

더 팔로우 업(The Follow Up) : 네트워커가 사업을 계속할 수 있도록 스폰서가 지속적으로 자료 제공과 정보 전달을 하는 것

엘오에스(Line Of Sponsorship) : 스폰서의 라인을 얘기함

드림빌더(Dream Builder) : 일명 네트워커를 지칭하는 말로써 꿈을 만드는 사람 이라는 뜻이며 네트워크 마케팅의 근본 취지가 표현되는 말

내게 어떤 비즈니스 자료가 필요한가?

내게 어떤 사업 지원 자료가 필요할까?

이 질문에 대한 대답은 '사업진행에 따라서 다릅니다' 입니다!

그것은 여러분이 얼마나 큰 네트워크를 얼마나 빨리 이루고자 하느냐에 따라 달라집니다. 네트워크 사업은 여러분이 생각하시는 것처럼 한가지로 정해져 있는 것이 아닙니다.

물론 그동안의 경험을 통해서 우리는 여러분이 성공을 향해 나아가는 데 있어서 우선적으로 중요하게 생각해야 하는 내용이나 기술이 어떤 것들인지 알려 드릴 수 있습니다. 많이 아는 만큼 사업진행도 좋아지는 동시에 자신감도 생길 수 있기 때문에, 지식을 쌓는 것은 무엇보다도 중요합니다.

여러분이 네트워크 사업을 진지하게 생각하면서 전문가가 되고 싶어 하신다면, 처음부터 제대로 된 사업지원 자료(TOOL)를 가지고 시작하셔야 합니다.

시작 단계에서 올바른 결정을 내리신다면 더욱 효율적이고 효과적으로 사업을 하실 수 있을 뿐 아니라 다른 사람들도 여러분이 하시는 그대로 따라 하게 될 것이기 때문에, 장기적으로 보면 시간과 돈을 절약하는 것이 됩니다.

다음에 제시되어 있는 것은, 여러분이 가장 효과적으로 사업을 진행하실 수 있도록 추천해드리는 '툴'의 목록입니다.

시스템에서 추천하는 도서 리스트

No	도서명	분류	저자
1	네트워크마케터를 위한 초기 3개월 성공테크	사업진행용	김청흠 지음
2	변화 속의 기회	컨택용	박창용 지음
3	네트워크마케팅 시스템을 알면 성공한다	시스템	석세스기획연구회지음
4	나우! 유턴	컨택용	최병진 지음
5	아바타 수입	컨택용	김종규 지음
6	네트워크 마케터 이혜숙이 그린 꿈의 지도 4,300원의 자신감	사업진행용	이혜숙 지음
7	시작하라	컨택용	장성철 지음
8	네트워크 비즈니스가 당신에게 알려주지 않는 42가지 비밀	사업진행용	허성민 지음
9	고객을 내편으로 만드는 액션플랜	사업진행용	이내화 지음
10	나인 레버	마인드	조영근 지음
11	드림빌더	리더십	김종규 지음
12	삶을 역전시키는 창의성 유머	마인드	김종석 지음
13	책 속의 향기가 운명을 바꾼다	마인드	다이애나 홍 지음
14	최고 인맥을 활용하는 35가지 비결	리더십	박춘식,장성철 지음
15	변화를 위해 꼭 읽어야 할 10권의 책	리더십	이용길 엮음
16	다섯 친구	리더십	다이애나 홍 지음
17	웰레스트	리더십	이내화 지음
18	살아가면서 한번은 당신에 대해 물어라	리더십	이철휘 지음
19	실패를 핑계로 도전을 멈추지 마라	리더십	이병현 지음
20	출근시작 30분 전	리더십	김병섭 지음
21	남편만 믿고 살기엔 여자의 인생은 짧다	자기계발	허순이 지음

시스템에서 추천하는 건강도서 리스트

No	도서명	분류	저자
1	비타민, 내 몸을 살린다	건강	정윤상 지음
2	물, 내 몸을 살린다	건강	장성철 지음
3	면역력, 내 몸을 살린다	건강	김윤선 지음
4	영양요법, 내 몸을 살린다	건강	김윤선 지음
5	온열요법, 내 몸을 살린다	건강	정윤상 지음
6	디톡스, 내 몸을 살린다	건강	김윤선 지음
7	생식, 내 몸을 살린다	건강	엄성희 지음
8	다이어트, 내 몸을 살린다	건강	임성은 지음
9	통증클리닉, 내 몸을 살린다	건강	박진우 지음
10	천연화장품, 내 몸을 살린다	화장품	임성은 지음
11	아미노산, 내 몸을 살린다	건강	김지혜 지음
12	오가피, 내 몸을 살린다	건강	김진용 지음
13	석류, 내 몸을 살린다	건강	김윤선 지음
14	효소, 내 몸을 살린다	건강	임성은 지음
15	호전반응, 내 몸을 살린다	건강	양우원 지음
16	블루베리, 내 몸을 살린다	건강	김현표 지음
17	웃음치료, 내 몸을 살린다	건강	김현표 지음
18	미네랄, 내 몸을 살린다	건강	구본홍 지음
19	항산화제, 내 몸을 살린다	건강	정윤상 지음
20	허브, 내 몸을 살린다	건강	이준숙 지음
21	프로폴리스, 내 몸을 살린다	건강	이명주 지음

⇨ 내 몸을 살리는 시리즈는 계속 출간 됩니다.